Índice

Rourke
Educational Media
rourkeeducationalmedia.com

¿Puedes encontrar estas palabras?

enojado

errores

oportunidad

pensamos

Llevarse bien

Llevarse bien significa ser amigables y amables.

¿Cómo nos llevamos bien?

Pensamos cómo se sienten los demás.

No nos reímos de los **errores** de nuestros amigos.

No golpeamos si estamos **enojados**.

enojado

Usamos palabras para compartir nuestros sentimientos.

Tomamos turnos cuando jugamos.

Damos una **oportunidad** a todos.

Escuchamos a los demás.
Demostramos que nos importan.

¿Encontraste estas palabras?

No golpeamos si estamos **enojados**.

No nos reímos de los **errores** de nuestros amigos.

Damos una **oportunidad** a todos.

Pensamos cómo se sienten los demás.

Glosario fotográfico

 **enojado:** estar molesto o expresar sentimientos de malestar hacia alguien.

 **errores:** cosas que hacemos de manera incorrecta o equivocada.

 **oportunidad:** momento oportuno o conveniente para hacer algo.

 **pensar:** usar tu mente para formar una idea o resolver un problema.

Índice analítico

amables: 3

amigables: 3

compartir: 9

escuchamos: 12

jugamos: 10

sienten: 5

Sobre la autora

A Terri Fields le gusta leer y escribir para niños. Cuando no está leyendo o escribiendo, le gusta caminar en la playa.

www.rourkeeducationalmedia.com

PHOTO CREDITS: Cover ©JohnnyGreig, Page 2, 10-11,14,15 ©fstop123, Page 2,4-5,14,15 ©FatCamera, Page 2,6-7,14,15 ©Mattomedia Werbeagentur, Page 2,8-9,14,15 ©baona, Page 3 ©Rawpixel, Page 9-10 ©ImagineGolf, Page 12 ©Lordn

Edición: Keli Sipperley
Diseño de la tapa: Kathy Walsh
Diseño interior: Rhea Magaro-Wallace
Traducción: Santiago Ochoa
Edición en español: Base Tres

Library of Congress PCN Data
Llevarse bien / Terri Fields
(Me pregunto)
ISBN (hard cover - spanish)(alk. paper) 978-1-64156-934-7
ISBN (soft cover - spanish) 978-1-64156-958-3
ISBN (e-Book - spanish) 978-1-64156-982-8
ISBN (hard cover - english)(alk. paper) 978-1-64156-185-3
ISBN (soft cover - english) 978-1-64156-241-6
ISBN (e-Book - english) 978-1-64156-292-8
Library of Congress Control Number: 2018956008

Printed in the United States of America, North Mankato, Minnesota